De Tenochtitlan a la Nueva España

Para la pequeña Natalia que
comienza a escribir su historia.
A.R.

Dirección: Mauricio Volpi
Coordinación, concepto y edición: Andrea Fuentes Silva
Coordinación histórica: Alejandro Rosas
Revisión historiográfica: Susana Sosenski
Diseño de la colección: Alejandro Magallanes / La máquina del tiempo
Diseño y formación: Sandra Ferrer Alarcón
Corrección: Emiliano Becerril Silva

Primera edición: Nostra Ediciones, 2007
Primera reimpresión: Nostra Ediciones, 2009
Segunda reimpresión: Nostra Ediciones, 2010

D.R. © Nostra Ediciones, S. A. de C.V., 2010
    Alberto Zamora 64, Col. Villa Coyoacán,
    04000, México, D. F.

Textos © Alejandro Rosas, 2006
Ilustraciones © Ericka Martínez, 2006

ISBN: 978-968-5447-77-5 Nostra Ediciones

DE TENOCHTITLAN a la NUEVA ESPAÑA

Alejandro Rosas

Ilustraciones de Ericka Martínez

NOS
TRA
EDICIONES

ÍNDICE

10   Introducción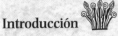

 Una ciudad
sobre un lago   12

20   El gran imperio

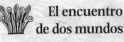 El encuentro
de dos mundos   24

32   La conquista
de México

 Conquistados
y conquistadores   42

46   La nueva ciudad

Gobernar la
Nueva España   54

58   El virreinato

Y la Nueva España
unió al mundo   66

70   Los últimos años
del siglo XVI

 Cronología   82

86   Bibliografía

Introducción

En el año de 1325, los aztecas fundaron la ciudad de México-Tenochtitlan sobre una pequeña isla en medio del lago de Texcoco. A partir de entonces, comenzó el desarrollo y esplendor de uno de los imperios más importantes de Mesoamérica. Los aztecas lograron dominar las aguas, construir una gran ciudad y con su poderío militar someter a casi todas las naciones indígenas de su entorno, las cuales fueron obligadas a rendir tributo. Así, Tenochtitlan, capital del imperio azteca, se convirtió en un símbolo y era la nación indígena más poderosa hasta la llegada de los españoles.

En 1519, Hernán Cortés desembarcó en las costas del golfo de México, fundó la Villa Rica de la Vera Cruz y avanzó hacia el valle de México. Su encuentro, en noviembre de ese año, con Moctezuma II (el tlatoani o rey de los mexicas) fue pacífico; sin embargo, en poco tiempo comenzó la guerra de conquista que culminó con el triunfo de los españoles y con la caída de Tenochtitlan, en 1521.

A partir de entonces, españoles e indios dieron vida y forma a la Nueva España, reino que durante los siguientes tres siglos dependería y serviría a la corona española. Como en toda guerra de conquista, el encuentro entre las dos civilizaciones y culturas fue muy violento: decenas de miles de indios murieron ya fuera por la guerra o por epidemias, hasta ese entonces desconocidas en América.

En los años inmediatos a la conquista y hasta finales del siglo XVI, la ciudad de México se asentó sobre las ruinas de Tenochtitlan. También se fundaron otras ciudades como Puebla, Oaxaca, Valladolid (hoy Morelia) y, como era necesario organizar el reino, se crearon las primeras instituciones políticas. Además se repartieron tierras a los conquistadores y se realizaron labores de evangelización por todo el territorio de la Nueva España; las exploraciones en el continente continuaron y se trajeron nuevas especies de animales, como los caballos. Fueron años difíciles, años de ajuste por el encuentro de dos culturas con formas distintas de concebir el mundo, pero en ellos se asentaron las bases de la Nueva España para los siguientes tres siglos.

1116
1325

Una ciudad sobre un lago

SEGÚN CUENTAN LAS CRÓNICAS Y LA TRADICIÓN, LA TRIBU MEXICA SE
ENCONTRABA SEMIASENTADA EN UN LUGAR LLAMADO AZTLÁN,
AL NOROESTE DE MÉXICO —AUNQUE NO SE HA PODIDO PRECISAR A CIENCIA
CIERTA SU UBICACIÓN EXACTA—. EL DIOS HUITZILOPOCHTLI LE ORDENÓ A LA
TRIBU DEJAR "EL LUGAR DE LAS CAÑAS" Y EMPRENDER UNA PEREGRINACIÓN
HASTA QUE ENCONTRARAN UN ÁGUILA POSADA SOBRE UN NOPAL, DEVORANDO
UNA SERPIENTE. ESA SERÍA LA SEÑAL PARA DETENER LA PEREGRINACIÓN
Y EN ESE SITIO, DEBERÍAN ESTABLECERSE Y FUNDAR
UNA NUEVA CIUDAD.

Los historiadores han fijado el inicio de la
peregrinación de los aztecas entre el año 1116 y el 1168.
Un siglo tardaron en llegar al valle de México y otro tanto en
asentarse definitivamente. A mediados del siglo XIII se
establecieron en Chapultepec, pero fueron expulsados por
otras tribus. Entonces solicitaron tierras al señor de
Culhuacán y éste los envió a Tizapán —hoy San Ángel—,
lugar que estaba lleno de serpientes venenosas.

La Tira de la peregrinación, también llamada
Códice Boturini, es uno de los documentos
más conocidos de la cultura náhuatl. Narra el
largo camino recorrido por los aztecas desde que
partieron de Aztlán hasta que se asentaron
en el valle de México.

Sin embargo, los aztecas parecían estar hechos para enfrentar la adversidad e hicieron todo lo posible para sobrevivir: pronto aprendieron a comer víboras, insectos y alimañas; a nutrirse con raíces, a no desperdiciar ningún recurso. Distintos conflictos con los pueblos vecinos obligaron a los aztecas a buscar refugio en la zona del gran lago, en un islote no muy grande. Sin saberlo, habían concluido su trayecto.

La señal de su dios Huitzilopochtli se manifestó frente a sus ojos: sobre un nopal, el águila desgarraba una serpiente. Era el final de la peregrinación. En aquel sitio los aztecas fundaron México-Tenochtitlan, en el año 1325.

El islote donde fundaron México-Tenochtitlan era un pedazo de tierra inhóspita, apenas elevado sobre el nivel de las aguas, fácilmente inundable y rodeado por dos lagos: el mayor, Texcoco, era de agua salada y el otro, Xochimilco, de agua dulce pero no potable.

Y sin embargo, para el llamado Pueblo del Sol era el sitio indicado. Aunque no parecía un buen lugar, era un sitio estratégico y su mayor ventaja la proporcionaban las aguas que lo rodeaban. Siendo guerreros por naturaleza y con una larga tradición en el uso del agua, los aztecas iniciaron la construcción de su ciudad combinando la tierra, el agua y la guerra.

El islote pertenecía al reino de Azcapotzalco —el más poderoso de la región hacia 1325—. Para permanecer en la isla, los aztecas aceptaron aliarse con los tecpanecas —como se les llamaba a los señores de Azcapotzalco— y rendirles tributo. Tendrían que pasar otros cien años antes de que pudieran consolidarse como la nación más poderosa de la región. Fue bajo el reinado de Itzcóatl (1426-1440) —cuarto monarca mexica—, cuando derrotaron al señor de Azcapotzalco y alcanzaron su independencia. La victoria no dejó lugar a dudas: estaba próximo el esplendor de México-Tenochtitlan.

Aunque aztecas y mexicas significa lo mismo, los historiadores señalan que los aztecas fueron el pueblo que partió de Aztlán y los mexicas sus descendientes, quienes fundaron México-Tenochtitlan.

El Pueblo del Sol utilizó todos los elementos que la naturaleza le proporcionaba y el agua fue su gran aliada; con ella pudo erigir una ciudad imperial donde no existía nada. El islote no tenía los recursos materiales, necesarios para levantar grandes y sólidas construcciones, pero los aztecas los obtenían intercambiando productos con las poblaciones establecidas alrededor de los lagos, como Tlatelolco.

Tlatelolco era una ciudad vecina a Tenochtitlan. En su plaza se encontraba un importante mercado que durante mucho tiempo se encargó de abastecer a la capital azteca de productos provenientes de todas las regiones.

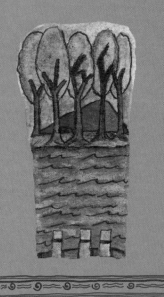

De las aguas, los aztecas obtenían peces, renacuajos, ranas, camaroncillos, moscos acuáticos, culebras, gusanillos laguneros y patos que cambiaban por madera, piedra, cal y algunos alimentos producidos en tierra firme. Ya sin el dominio de los señores de Azcapotzalco, rápidamente se convirtieron en amos y señores del comercio en el lago.

La ciudad que comenzaba a edificarse fue ganando espacio al lago. A través del sistema de chinampas —tierra flotante que se colocaba sobre un armazón de troncos atados por fibras de maguey—, la extensión territorial de la isla fue aumentando. Los aztecas pudieron producir lo que, en un principio, el inhóspito lugar les negó: legumbres, tomate, jitomate, maíz, frijol, chía, además de flores y plantas que adornaban los jardines de las casas y palacios señoriales.

Los aztecas también lograron dominar el gran lago construyendo tres calzadas que unían a la isla con tierra firme y que además funcionaban como diques para controlar el nivel del agua, evitando así las inundaciones. Hacia el oeste de la isla corría la calzada principal llamada Tacuba; hacia el sur se encontraba la calzada de Iztapalapa; hacia el noreste partía la del Tepeyac. En caso de amenaza militar, las tres calzadas tenían compuertas y puentes móviles que podían retirarse en un instante, lo cual dejaba aislada a la capital azteca y lista para la defensa.

MALACATES AZTECAS DE BARRO (RUEDAS PREHISPÁNICAS PARA HILAR) CON DISEÑOS DE ANIMALES.

TACUBA:

En náhuatl era *Tlacopan* y significa "Sobre la jarilla", o "Planta florida sobre tierra llana".

IZTAPALAPA:

Proviene también del náhuatl, (*Iztapalli*-losas o lajas, *Atl*-agua, y *Pan*-sobre) y significa "En el agua de las lajas", o "Sobre las losas del agua".

TEPEYAC:

Proviene del náhuatl *Tepetl*-cerro y significa "Lugar en la punta del cerro".

Pero la obra más importante para mantener controlado el nivel del lago fue la construcción de la llamada albarrada de los indios o de Netzahualcóyotl, que no era otra cosa que un muro que servía para dividir el agua dulce del agua salada. Para obtener agua potable, los aztecas construyeron una serie de acueductos que hacían correr agua pura y cristalina desde Chapultepec y lo que hoy es Santa Fe.

Como toda ciudad que se construye en medio de un lago, en México-Tenochtitlan había calles de agua o canales, por donde circulaban pequeñas canoas, y calles de tierra, por donde podían caminar los habitantes de la capital azteca. Las casas tenían acceso hacia los dos tipos de calles, además de que la ciudad siempre lucía limpia y fresca.

Hacia finales del siglo xv, la ciudad ya era esplendorosa. Se había convertido en una verdadera capital imperial; templos y palacios la hacían más bella y los aztecas la consideraban el centro del universo.

LAS CALLES DE TENOCHTITLAN

"Las calles de México eran en dos maneras, una era toda de agua, de tal manera, que por ésta no se podía pasar de una parte a otra, sino en barquillas o canoas, y a esta calle o acequia, correspondían las espaldas de las casas. Estas calles de agua, eran sólo para el servicio de las canoas. Otra calle había toda de tierra; pero no ancha antes muy angosta, y tanto que apenas podían ir dos personas juntas; son finalmente unos callejones muy estrechos. A estas calles o callejones, salían las puertas principales de todas las casas. Por las calles de agua, entraban y salían infinitas canoas con las cosas de bastimento, y servicio de la ciudad... no había vecino que no tuviese su canoa para este ministerio".

Fray Juan de Torquemada,
Monarquía Indiana.

Gracias al agua, Moctezuma II logró tener un gran jardín botánico en Tenochtitlan. En el área que ocupa actualmente el templo de San Francisco, en la calle de Madero del Centro histórico, se encontraba el zoológico de Moctezuma; contaba con diversas especies animales traídas de los distintos lugares del imperio: un aviario, un criadero de reptiles y una zona donde eran exhibidas personas con alguna malformación física. Trescientos súbditos se dedicaban al cuidado de este impresionante jardín.

1325 1521

El gran imperio

EL IMPERIO AZTECA SE DESARROLLÓ BAJO EL GOBIERNO DE UN CAUDILLO Y ONCE TLATOANIS O REYES QUE GOBERNARON DE 1325 A 1521. TARDÓ POCO MÁS DE UN SIGLO EN LIBERARSE DE LOS TRIBUTOS QUE DEBÍA PAGAR A LOS SEÑORES DE AZCAPOTZALCO, A QUIENES LOGRÓ DERROTAR HACIA EL AÑO 1430. A PARTIR DE ESE MOMENTO NO TUVO OTRO RIVAL EN LA REGIÓN Y PUDO MOSTRAR SU PODER MILITAR A TRAVÉS DE LA GUERRA, CONQUISTANDO Y SOMETIENDO A CASI TODAS LAS NACIONES INDÍGENAS QUE EXISTÍAN POR ENTONCES, HASTA CONVERTIRSE EN EL MÁS PODEROSO E IMPORTANTE DE SU ÉPOCA. LOS ÚNICOS PUEBLOS A LOS QUE NO PUDO DOMINAR FUERON LOS TLAXCALTECAS Y LOS TARASCOS.

Bajo el reinado del emperador Ahuízotl (1486 a 1502) Tenochtitlan ya era conocida más allá del valle de México. Durante su gobierno se inauguró la última etapa del Templo mayor; en lo más alto de la construcción se levantaban dos adoratorios dedicados a sus dos principales dioses: Tláloc, el dios de la lluvia, y Huitzilopochtli, el dios de la guerra. En la ceremonia para honrar a Huitzilopochtli, el rey Ahuízotl ordenó el sacrificio de miles de prisioneros —hasta ochenta mil, cuentan las crónicas—, pues entre los aztecas estaban permitidos los sacrificios humanos y era una práctica que se realizaba comúnmente.

Los tlatoanis o reyes aztecas

Tenoch (Tuna de piedra) 1325 - 1363. Fundador de Tenochtitlan
Acamapichtli (El que empuña la caña) 1367 - 1387. 1° Tlatoani
Huitzilíhuitl (Pluma de colibrí) 1391 - 1415. 2° Tlatoani
Chimalpopoca (Escudo que humea) 1415 - 1426. 3° Tlatoani
Izcóatl (Serpiente de pedernal) 1427 - 1440. 4° Tlatoani
Moctezuma Ilhuicamina (El flechador del cielo) 1440 - 1468. 5° Tlatoani
Axayácatl (Cara de agua) 1469 - 1481. 6° Tlatoani
Tizoc (Pierna enferma) 1481 - 1486. 7° Tlatoani
Ahuízotl (Perro de agua) 1486 - 1502. 8° Tlatoani
Moctezuma II Xocoyotzin (Señor joven y respetable) 1502 - 30 de junio de 1520. 9° Tlatoani
Cuitláhuac (Excremento seco) 7 de septiembre de 1520 - 25 de noviembre de 1520. 10° Tlatoani
Cuauhtémoc (Águila que cae) 25 de enero de 1521 - 13 de agosto de 1521. 11° Tlatoani

A la muerte de Ahuízotl, el trono fue ocupado por Moctezuma Xocoyotzin, también conocido como Moctezuma II. Los primeros años de su gobierno corresponden a la época de mayor grandeza del imperio azteca, pero también al periodo en que los pueblos sometidos tuvieron que pagar mayores tributos y ofrecer más prisioneros para los sacrificios humanos. Esta situación provocó una gran molestia y enemistad entre el resto de las naciones indígenas que veían al imperio azteca como el enemigo a vencer.

HUITZILOPOCHTLI

Los principales dioses aztecas

De la guerra: Huitzilopochtli (Colibrí hechicero)
De la justicia: Tezcatlipoca (Espejo humeante)
De la sabiduría: Quetzalcóatl (Serpiente emplumada)
De la protección: Tonantzin (Nuestra madre)
De la tierra: Coatlicue (Falda de serpientes)
De la lluvia: Tláloc (El que hace germinar)
De la muerte: Mictlantecuhtli (Señor de la región de la muerte)

Con Moctezuma II, la tradicional austeridad y moderación de los anteriores tlatoanis desapareció de Tenochtitlan. El emperador se hacía trasladar en hombros acompañado de un aparatoso cortejo; prohibió que su pueblo lo viera a los ojos, por lo que la gente debía bajar la mirada a su paso y ordenó la edificación de un magno palacio —frente al templo mayor— en el lugar que actualmente ocupa el Palacio Nacional en la ciudad de México. Era tan grande que sólo en una de sus habitaciones podían cabalgar 30 jinetes al mismo tiempo.

"[Moctezuma] Tenía dentro de la ciudad sus casas de aposentamientos, tales y tan maravillosas, que me parecería casi imposible poder decir la bondad y grandeza de ellas, y por tanto no me pondré en expresar cosa de ellas más de que en España no hay su semejable".

Hernán Cortés

Pero el emperador tenía una debilidad: era muy supersticioso. Tiempo antes de que las naves españolas fueran vistas en las costas del golfo de México (en 1519), el miedo se apoderó de él debido a una serie de extraños sucesos que a su juicio anunciaban un terrible futuro.

Moctezuma no dejaba de pensar en un cometa que atravesó el firmamento y fue visto en toda Tenochtitlan; también le preocupaba un incendio, surgido de la nada, que causó severos daños en la llamada Casa de Huitzilopochtli; no podía olvidar el rayo que atravesó un templo pero del cual nunca se escuchó el trueno; le parecía aterrador haber observado las aguas del lago hirviendo a temperaturas nunca vistas, que sus hombres capturaran una extraña ave o escuchar el escalofriante lamento de una mujer que lloraba por sus hijos y que se escuchaba por las noches en la ciudad. Todos estos acontecimientos estaban curiosamente relacionados con lo que estaba por suceder: el principio del fin del imperio azteca había comenzado.

La famosa leyenda de "La Llorona" tiene diferentes versiones. Antes de la llegada de los españoles se decía que aquella mujer vestida de blanco que aparecía por las noches, llorando y dando alaridos, era la diosa Cihuacóatl. Después de la conquista la leyenda se modificó: unos creían que era la Malinche, arrepentida por su traición, otros que era una novia abandonada, y algunos más que era una viuda muerta que regresaba para llevarse a sus hijos huérfanos.

El encuentro de dos mundos

El 12 de octubre de 1492, Cristóbal Colón había descubierto América para los europeos. Fue un acontecimiento que transformó la historia de la humanidad porque se abrieron nuevas rutas marítimas, se encontraron nuevas civilizaciones, se supo cuál era la extensión total de la Tierra y se confirmó que era redonda.

A partir del importante descubrimiento de Colón, comenzaron las expediciones hacia el nuevo continente, lo que permitió conocer sus islas, sus costas y descubrir el océano Pacífico. Sin embargo, pocos se atrevieron a internarse en el continente. Varios años después de la llegada de Colón a América, un hombre de 34 años de edad, con el alma de aventurero, se puso al frente de una expedición para explorar el interior del continente americano. Su nombre era Hernán Cortés.

Antes de lanzarse a la conquista del Nuevo Mundo, Cortés había estudiado en la Universidad de Salamanca. Pero la tranquilidad de las aulas no iba con su personalidad, así que a los 19 años de edad abordó una embarcación y se marchó a La Española (hoy Santo Domingo). En poco tiempo ya se encontraba participando en la expedición de Diego Velázquez a la isla de Cuba.

En 1518, Diego Velázquez, entonces ya gobernador de Cuba, autorizó a Cortés a encabezar una expedición al interior del continente americano, pero con la condición de que no fundara ninguna colonia, villa o ciudad. El 10 de febrero de 1519 zarpó la expedición y días después echó anclas en la isla de Cozumel. Ahí Cortés rescató a Jerónimo de Aguilar, un español que había naufragado tiempo atrás y que aprendió las costumbres y lengua de los indios mayas. Esto le permitió convertirse en uno de sus intérpretes.

La expedición continuó hacia el golfo de México y en la región de Tabasco los españoles —que sumaban aproximadamente 700— tuvieron su primer enfrentamiento con los indígenas, a quienes derrotaron sin muchas dificultades.

Malintzin o Malinche: Era el nombre de la mujer que fue entregada como obsequio a Cortés por el cacique de Tabasco: hablaba náhuatl y maya y pronto aprendió el castellano, por lo que le sirvió de traductora frente a los aztecas. Los españoles la llamaban Marina.

Uno de los caciques de la zona entregó a Cortés una serie de regalos, como piezas de oro, mantas y, junto a otras mujeres, la célebre Malintzin o Malinche.

En el mes de abril, un viernes santo según señalan las crónicas, Cortés pisó tierra firme en las costas del actual estado de Veracruz y desobedeciendo a Diego Velázquez, fundó la Villa Rica de la Vera Cruz, con lo cual el poder municipal quedó en manos de los hombres de Cortés, que lo nombraron comandante en jefe del ejército.

Hasta la Villa Rica llegaron varios jefes indígenas que contaron a Cortés historias fascinantes sobre México-Tenochtitlan. Le hablaron de una gran ciudad construida en medio de un lago y rodeada por dos grandes volcanes; le refirieron que aquel lago, por su extensión, parecía un mar; le describieron las calles de agua y de tierra, los templos y palacios, los adornos de oro y jade. Cortés decidió entonces marchar hacia el valle de México para conocer la ciudad de los aztecas.

Se dice que antes de partir hacia un destino que parecía incierto, Cortés ordenó quemar sus naves para evitar que ninguno de sus hombres abadonara la expedición. Cierto o no, Cortés mostró su valor al adentrarse en los dominios del imperio más temido de su época.

Mientras tanto, Moctezuma fue informado por sus mensajeros de que hombres blancos y barbados habían desembarcado en un lugar cercano al actual puerto de Veracruz y que el hombre que venía al frente de ellos, de nombre Hernán Cortés, quería conocer Tenochtitlan.

Moctezuma envió oro y plata para convencerlos de que regresaran por donde habían llegado, pero sucedió lo contrario. Interesados aún más por las riquezas, los españoles se abrieron camino hacia la capital imperial. En el trayecto, varias naciones indígenas, sometidas por los aztecas, se aliaron con los españoles; otras, como los tlaxcaltecas, los enfrentaron, pero las armas de fuego y los caballos —que no conocían los indígenas— fueron suficientes para derrotarlos. Los tlaxcaltecas finalmente se unieron a los españoles.

Los primeros caballos que se conocieron en México venían con la expedición de Cortés: eran 16 y pertenecían a los capitanes. Entre las distintas razas destacaba una yegua alazana, de Pedro de Alvarado y otra rucia, de Alonso Hernández Portocarrero. Curiosamente una de las yeguas que venían tuvo a su cría en el camino. Todos los caballos provenían de Santiago de Cuba y otras islas del Caribe.

En Cholula, los aztecas intentaron tenderles una trampa a los españoles, pero fueron descubiertos y masacrados. Fue la primera vez que Cortés y sus hombres mostraron el poderío de sus armaduras de metal, sus cañones, sus arcabuces y caballos.

El 8 de noviembre de 1519, el cielo azul del valle de México recibió a los españoles. Cortés y sus hombres quedaron maravillados frente a México-Tenochtitlan. El Templo mayor se levantaba impresionante —en lo que actualmente es la plaza mayor de la ciudad de México— y desde lo alto se podía observar todo el valle de México. Cuando Cortés se encontró frente a frente con Moctezuma le dio un abrazo, lo cual sorprendió a los aztecas que no podían ni siquiera mirar de frente a su rey. Sin embargo, no pasó nada. El rey de los aztecas respondió también amablemente e incluso quedó fascinado con Hernán Cortés.

"...dejamos la gran plaza sin más verla y llegamos a los grandes patios y cercas donde está el gran cu (teocalli); y tenía antes de llegar a él un gran circuito de patios, que parece que eran más que en la plaza que hay en Salamanca, y con dos cercas alrededor, de calicanto, y el mismo patio y sitio todo empedrado de piedras grandes, de losas blancas y muy lisas, y adonde no había de aquellas piedras estaba encalado y bruñido y todo muy limpio, que no hallaron una paja ni polvo en todo él. Y desde que llegamos cerca del gran cu, antes que subiésemos ninguna grada de él, envió el gran Moctezuma desde arriba, donde estaban haciendo sacrificios, seis papas y dos principales (sacerdotes) para que acompañaran a nuestro capitán, y al subir de las gradas, que eran 114, le iban a tomar de los brazos para ayudarle a subir, creyendo que se cansaría, como ayudaban a su señor Moctezuma, y Cortés no quiso que llegasen a él. [...] Y luego le tomo de la mano [Moctezuma] y le dijo que mirase su gran ciudad y todas las más ciudades que había dentro del agua, y otros muchos pueblos a su alrededor de la misma laguna, en tierra; y que si no habíamos visto bien su gran plaza, que desde ahí la podría ver muy mejor, y así lo estuvimos viendo, porque desde aquel grande y maldito templo estaba tan alto que todo lo señoreaba muy bien..."

Bernal Díaz del Castillo,
Historia verdadera de la conquista de la Nueva España.

En los días siguientes, Cortés le explicó a Moctezuma de qué lugar venían, quién era el rey de los españoles y qué dios los protegía. Moctezuma se sometió a la autoridad de Cortés, aceptó al rey de España como su rey y recibió el bautismo bajo la fe de Cristo, con lo cual perdió el respeto de su pueblo, ya que los aztecas sólo estaban dispuestos a obedecer a su tlatoani y seguir adorando a todos sus dioses, no a uno solo.

Además, Moctezuma alojó a los españoles en el palacio de su padre, Axayácatl —que se localizaba en el sitio que ocupa actualmente el edificio del Monte de Piedad. Cortés y sus hombres se deslumbraron con la belleza de la ciudad, pero también se horrorizaron al enterarse que los aztecas realizaban sacrificios humanos y adoraban a muchos dioses, así como al encontrar en una de las paredes cercanas al templo mayor, un *Tzompantli*.

El palacio de Axayácatl, donde fueron alojados los españoles, contaba con muchas riquezas. Los soldados perdieron la compostura y de inmediato, con gran avidez, tomaron todo lo que pudieron: collares de piedras gruesas, pulseras de oro, anillos con cascabeles de oro para atar al tobillo y coronas reales. Fascinado con Hernán Cortés, el emperador Moctezuma permitió el saqueo.

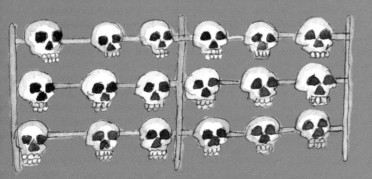

El *Tzompantli* (o "Hilera de cabezas") era el lugar en los templos aztecas donde se colocaban en filas y atravesados por varas, los cráneos de las víctimas de los sacrificios humanos, generalmente cautivos de guerra, con el fin de honrar a los dioses.

1519 1521 La conquista de México

LAS COSTUMBRES, LOS RITOS RELIGIOSOS, LOS SACRIFICIOS HUMANOS, EL DOMINIO DE LOS AZTECAS SOBRE LOS PUEBLOS VECINOS Y SU TRADICIÓN GUERRERA CONTRASTABAN CON LOS HÁBITOS Y LAS INTENCIONES DE LOS ESPAÑOLES. LOS AZTECAS VIVÍAN UN SENTIMIENTO SIMILAR, SOBRE TODO PORQUE SU EMPERADOR, AL QUE VEÍAN CASI COMO UN DIOS, SE HABÍA ENTREGADO POR COMPLETO A LOS ESPAÑOLES. A MEDIADOS DE 1520, CON TODO Y LAS MUESTRAS DE AMISTAD DE AMBOS PUEBLOS, LA SITUACIÓN ERA TENSA.

Al enterarse de que Cortés había desatendido sus indicaciones, Diego Velázquez envió a Pánfilo de Narváez con cerca de mil hombres y una sola misión: apresar a Cortés por rebeldía y llevarlo de regreso a Cuba.

Hasta Tenochtitlan llegó la noticia de que las tropas de Narváez habían desembarcado en Veracruz, por lo que Cortés salió de la capital azteca con la mayor parte de sus soldados, dejando tan sólo 120 hombres comandados por Pedro de Alvarado. El conquistador logró derrotar a Narváez y convenció a la mayoría de sus hombres de que se unieran a su expedición, prometiéndoles oro, tierra y riquezas. Con eso aumentó el número de hombres de su ejército.

Mientras Cortés se encontraba en Veracruz, la situación en Tenochtitlan se ponía muy difícil. Por esos días de junio de 1520, los aztecas preparaban una gran fiesta en honor de uno de sus dioses principales. Antes de partir, Cortés había autorizado la celebración siempre y cuando no hubiera más sacrificios humanos. Los aztecas aceptaron.

Pedro de Alvarado, sin embargo, creyó que los aztecas no preparaban una fiesta, sino una rebelión en contra de los españoles, así que decidió tomarlos por sorpresa y ordenó matar a los principales señores de Tenochtitlan. La matanza del Templo Mayor, como se le conoció, desencadenó la guerra.

Los aztecas respondieron rebelándose
contra los españoles y lograron rodearlos
en uno de los palacios donde se hospedaban.
Cuando Cortés regresó, sus hombres
se encontraban desesperados
y hambrientos. El conquistador intentó
calmar a los aztecas obligando a Moctezuma
a dirigirse a la multitud desde el balcón del
palacio, pero los aztecas no hicieron caso;
habían perdido el respeto por su rey, así
que respondieron arrojándole piedras,
una de las cuales, según se dice, lo hirió
en la cabeza provocándole la muerte.
Hay otras versiones de que murió
apuñalado por el propio Cortés.

Días después de fallecido Moctezuma, cuando la situación parecía perdida
para los españoles, Hernán Cortés tomó una importante decisión:
salir de la ciudad a como diera lugar. Poco antes de que cayera la noche
del 30 de junio de 1520, Cortés repartió entre sus hombres el oro que tenía
y guardó una parte para el rey de España, como se acostumbraba en aquella
época. Ordenó que todos se colocaran sus armaduras y prepararan sus
armas y silenciosamente dejaron el lugar donde se encontraban, tomando
como ruta de escape la calzada de Tacuba —que actualmente es considerada
la calle más antigua de la ciudad de México—. Al parecer los españoles
podrían salir de Tenochtitlan sin problemas; pero una mujer se dio cuenta
de lo que pasaba y dio el grito de alarma.

De inmediato, los aztecas tomaron sus armas y se lanzaron contra los españoles para evitar que escaparan, abalanzándose sobre ellos desde las calles de agua y tierra; cientos de flechas volaban por los cielos. Los hombres de Cortés respondieron con sus armas de fuego y los muertos caían en ambos bandos.

Los españoles que hacían prisioneros los aztecas eran llevados de inmediato al templo mayor para ser sacrificados; otros se hundieron en los canales por el peso de sus armaduras y el oro que cargaban. Era tan numeroso el ejército azteca que finalmente lograron derrotar a los españoles y persiguieron a los sobrevivientes aun en tierra firme.

El *Ahuehuete* ("Viejo de agua") también es conocido como ciprés mexicano o sabino; su nombre significa "árbol viejo de agua" porque crece junto a ríos o lagos. En 1921, para celebrar el centenario de la Independencia mexicana, fue elegido árbol nacional.

Uno de los elementos fundamentales del proceso de conquista fue la fusión de elementos culturales y religiosos de ambos mundos. Entre otras muestras de esto, los misioneros, por ejemplo, aprovecharon las celebraciones religiosas más importantes de los indios para utilizarlas como símbolos de la cristiandad. Las posadas cristianas se organizaron a partir de la fecha en que se celebraba el advenimiento de Huitzilopochtli, lo cual ocurría en diciembre. Y para generar una mayor veneración de la virgen de Guadalupe, se construyó su santuario en el Cerro del Tepeyac, donde antes los indios veneraban a la diosa Tonantzin, "nuestra madrecita". Esta fusión y mezcla de elementos de los dos mundos, que implicó una forma de dominio y a la vez de resistencia, es llamada sincretismo.

A pesar de lo violento de la batalla, Cortés logró escapar con varias decenas de sus hombres. Exhausto y una vez a salvo, se dice que detuvo su marcha en el pueblo de Popotla, y al ver la cantidad de hombres muertos y saberse derrotado, lloró amargamente bajo un viejo ahuehuete que se encontraba en el camino. La batalla pasó a la historia como la "derrota de la noche triste".

En la batalla contra los españoles, los aztecas fueron guiados por Cuitláhuac, que luego de mostrar su valor, fue nombrado nuevo emperador. Cuitláhuac sabía que tarde o temprano Cortés y los españoles regresarían, por lo que no perdió tiempo y de inmediato reorganizó su ejército y comenzó a preparar las defensas de Tenochtitlan. Se construyeron nuevos fosos y trincheras, y la gente se alistó para defender la capital imperial.

Sin embargo, en los últimos meses de 1520 comenzó una terrible epidemia de viruela, enfermedad traída por los españoles desde Europa y desconocida en América, que cobró muchas vidas porque no sabían cómo tratarla. Una de las víctimas fue Cuitláhuac, que perdió la vida apenas 80 días después de haber ocupado el trono. Con el fallecimiento del décimo tlatoani, Cuauhtémoc subió al trono de Tenochtitlan. Sería el último rey del imperio azteca.

Cortés estaba decidido a regresar a Tenochtitlan pero sabía que no tenía hombres suficientes para enfrentar nuevamente a los aztecas, así que, después de la derrota, buscó aliarse con las naciones indígenas que deseaban acabar con el dominio azteca. Entabló conversaciones, hizo promesas y se ganó a varios pueblos que se sumaron a la guerra de conquista. En Tlaxcala permaneció varios meses para reponerse de las heridas, preparar nuevas armas y planear el ataque final.

Una perra conquistadora

Llegó con la expedición de Juan de Grijalva en 1518. Durante la travesía por las costas de Yucatán y el golfo de México tiempo le sobró para ganarse el afecto de buena parte de los soldados españoles. Sin saberlo, presenciaría las primeras hazañas militares de dos hombres que, con el tiempo, serían célebres: Pedro de Alvarado y Bernal Díaz del Castillo. Cuando los doscientos cuarenta hombres de Grijalva desembarcaron en Potonchán y en un lugar al que llamaron "Boca de Términos", no pudo contenerse ni un minuto más: sin perder el estilo, bajó corriendo, pero a diferencia del resto de la tripulación cuya primera acción fue besar la arena, prefirió revolcarse en ella. Era la primera perra con pelaje que pisaba el futuro territorio de la Nueva España —los indios sólo conocían el xoloescuincle. Según refiere Bernal Díaz del Castillo en su *Historia verdadera de la conquista de la Nueva España*, en 1519 "mandó Hernán Cortés al capitán Escobar a reconocer la misma región y halló la perra muy gorda. Contó el capitán que apenas la lebrela vio el buque en el puerto, daba señales de halagos con la cola y vino con los solados al navío".

Juan de Grijalva fue uno de los primeros exploradores de las costas de México, y dio nombre al río principal de Tabasco, el Grijalva.

Casi un año después de la noche triste, Hernán Cortés regresó al valle de México con un numeroso ejército. Antes de lanzar su ataque sobre Tenochtitlan, derrotó a los principales pueblos de tierra firme —Iztapalapa, Chalco y Mixquic— para evitar que ayudaran a Tenochtitlan. Aunque los combates fueron muy duros, Cortés se alzó con la victoria y estableció su cuartel general en Texcoco.

El día 30 de mayo de 1521 comenzó el sitio de Tenochtitlan. En los meses previos a la batalla, Cortés había ordenado la construcción de trece embarcaciones —bergantines— que fueron puestas a navegar en el lago antes de comenzar el sitio. Los aztecas, acostumbrados tan sólo a ver canoas en el lago, se sorprendieron con los bergantines, desde donde atacaban parte de las tropas españolas.

Otra de las medidas
tomadas por Cortés para
derrotar a sus enemigos,
fue destruir el acueducto
de Chapultepec que llevaba
agua potable hasta
Tenochtitlan; de esa forma
los aztecas se quedaron
sin agua para beber.

Cuauhtémoc logró reunir trescientos mil hombres y preparó
la defensa de Tenochtitlan juntando víveres, levantando fortificaciones,
retirando los puentes que unían a las principales calzadas de la ciudad
con tierra firme y dejando abierta la del Tepeyac para recibir alimentos
hasta que los españoles lo impidieron. Con el inicio del sitio, Tenochtitlan
quedó completamente aislada.

Los aztecas se defendieron con mucha valentía. Durante 75 días y 75 noches, españoles e indios combatieron. Cortés encontró grandes dificultades para avanzar a través de los canales y las calles de Tenochtitlan. Pero él y sus hombres derribaron casas, muros y jardines para crear caminos firmes por donde proseguir la marcha.

El 13 de agosto de 1521, cuando la resistencia encabezada por el emperador Cuauhtémoc había llegado a su límite, el propio tlatoani decidió escapar de la ciudad para continuar la resistencia desde otro lugar. Cuauhtémoc se embarcó en una canoa, pero fue alcanzado y capturado por una embarcación española. Cuando fue llevado ante Cortés, el emperador de los aztecas dijo: "He hecho lo que estaba obligado hacer en defensa de mi ciudad y vasallos y no puedo más. Vengo por fuerza y preso ante tu persona y poder, toma ese puñal que tienes en el cinto y mátame". Cortés reconoció su nobleza y su valentía y le perdonó la vida, haciéndolo su prisionero.

México-Tenochtitlan, ciudad que los aztecas consideraban el centro del universo, había caído en manos de los españoles. Comenzaba así una nueva página de la historia.

Para la conquista de México, Hernán Cortés tuvo que echar mano de todos los recursos a su alcance. Ante la escasez de pólvora, el conquistador envió una expedición al cráter del Popocatépetl, a fin de obtener azufre para la fabricación de pólvora.

El volcán era sagrado para los indígenas, por lo cual no habían intentado el ascenso. Cuando los españoles lo escalaron y descendieron al cráter, ganaron prestigio ante la población.

Tres clases de cronistas dieron cuenta del proceso de conquista. Los *cronistas conquistadores* como Hernán Cortés o Bernal Díaz del Castillo; los *cronistas religiosos* como fray Diego Durán, fray Bernardino de Sahagún, fray Juan de Torquemada o fray Toribio Benavente Motolinía y los *cronistas indígenas*, como Ixtlixóchitl, Tezozomoc y Chimalpain.

RNAL DÍAZ DEL CASTILLO   FRAY DIEGO DURÁN   FRAY TORIBIO BENAVENTE MOTOLINÍA

Conquistados y conquistadores

Los conquistadores victoriosos, ávidos de tierras y riquezas, sometieron a los indios sin importar sus condiciones de vida. A través de la *encomienda*, los españoles recibían indios que debían trabajar para ellos a cambio de un salario y la enseñanza de la doctrina cristiana. Sin embargo, ante la ausencia de autoridades competentes que vigilaran el cumplimiento de las disposiciones reales, la población indígena sufrió una sobreexplotación que se convirtió prácticamente en un exterminio.

VASCO DE QUIROGA   JUAN DE ZUMÁRRAGA   BARTOLOMÉ DE LAS CASAS

Muchos españoles consideraban que los indios eran simplemente bestias de carga, animales de trabajo, y no les reconocían la calidad de seres humanos. Paradójicamente, las órdenes religiosas se opusieron a esta visión y durante todo el siglo XVI se convirtieron en los mayores defensores de los pueblos indígenas. Frailes como Bartolomé de las Casas, Vasco de Quiroga, Juan de Zumárraga y Toribio Benavente Motolinía, encabezaron una defensa encarnizada a favor de los indios y sus derechos.

Un sistema de explotación: la encomienda

La encomienda era una institución que había surgido en 1503. Fue creada a través de un derecho que otorgaba el rey a un conquistador, con el objeto de que éste recibiera los tributos o los trabajos que los indígenas debían pagar a la corona; a cambio, el encomendero tenía la obligación de cuidar del bienestar de los indígenas en lo espiritual y en lo terrenal, asegurando su mantenimiento y su protección, así como su adoctrinamiento cristiano. Sin embargo, la encomienda fue sinónimo de explotación de los indios pues los conquistadores pasaban por alto sus derechos y, sobre todo, porque eran considerados como "propiedad" de los españoles.

En 1537, el papa Paulo III promulgó la bula *Sublimis Dei* con el fin de resolver el polémico asunto de la humanidad de los indios novohispanos. Este documento fue uno de los antecedentes que permitieron promulgar, en 1542, las llamadas Nuevas Leyes, promovidas por fray Bartolomé de las Casas, para combatir los abusos cometidos en contra de los indios por los encomenderos. Las Nuevas Leyes prohibían la esclavitud de los indígenas y los liberaban en caso de sufrir abusos de sus propietarios.

Junto a la explotación, otro factor que disminuyó gravemente a la población indígena fueron las epidemias y enfermedades muy contagiosas traídas por los españoles. La primera epidemia importante que se propagó durante la conquista fue la viruela, transmitida por un esclavo que venía con Pánfilo de Narváez. Los españoles identificaron rápidamente la enfermedad, mientras los indígenas, que la desconocían, le asignaron el nombre de *hueyzáhuatl* (la gran lepra).

Asimismo, de 1530 a 1531 se produjo un brote intenso de sarampión y aunque la mortandad fue menor, no dejó de producir grandes estragos. De todas las epidemias del siglo XVI, la de mayor mortalidad fue la conocida como *"cocoliztli"*. La primera ocurrió en 1545 y cobró 80 000 víctimas. Se calcula que la segunda, en 1576, provocó más de dos millones de muertos.

Cocoliztli: palabra náhuatl que significa "enfermedad, accidente o plaga".

El Camino Real Tierra Adentro, conocido también como el Camino de la plata —que venía desde Santa Fe (Nuevo México) y llegaba hasta la capital novohispana, atravesando Aguascalientes, Zacatecas y Querétaro, entre otras ciudades—, no sólo favoreció la riqueza y el comercio; también se convirtió en el medio ideal para la propagación de enfermedades y epidemias a gran distancia. Sin saberlo, los viajeros y sus pertenencias fueron portadores de distintas enfermedades desde el siglo XVI.

Entre los muertos de guerra y las 16 epidemias que se registraron de 1520 a 1602, hacia principios del siglo XVII el 95 por ciento de la población indígena había desaparecido. El alto índice de mortandad fue otra de las consecuencias de la conquista.

La nueva ciudad

TENOCHTITLAN QUEDÓ COMPLETAMENTE EN RUINAS DESPUÉS DE LA GUERRA. AL MENOS POR ALGÚN TIEMPO SERÍA INHABITABLE. SU VIEJO ESPLENDOR FUE HECHO PEDAZOS. EN LOS DÍAS QUE SIGUIERON A LA CAÍDA DE TENOCHTITLAN, LOS CONQUISTADORES NO SABÍAN SI CONSTRUIR LA NUEVA CIUDAD ESPAÑOLA SOBRE SUS RESTOS O EDIFICARLA EN TIERRA FIRME. CORTÉS OPTÓ POR TOMARSE UN TIEMPO ANTES DE DECIDIR, ORDENÓ QUE LOS INDIOS COMENZARAN LA LIMPIEZA DEL ISLOTE Y SE ESTABLECIÓ EN EL PUEBLO DE COYOACÁN.

PLANO DE TENOCHTITLÁN POR CORTÉS

COYOACÁN:

Es un vocablo derivado de la palabra náhuatl *Coyohuacan* **y significa "Lugar donde hay coyotes".**

Los españoles tenían tres opciones para fundar la capital de la Nueva España en tierra firme: Tacuba, Texcoco o Coyoacán. Pero Cortés tenía otros planes. Sabía lo que representaba Tenochtitlan para el pueblo azteca y para el resto de las naciones indígenas: durante años fue un importante lugar político, económico, militar y social; todos respetaban la ciudad. Tomando en cuenta todas estas consideraciones, Cortés no quiso desaprovechar la importancia del lugar. En los primeros meses de 1522, decidió edificar la capital de lo que sería llamada la Nueva España en el mismo lugar donde había estado México-Tenochtitlan, en la isla que ocuparon los aztecas por casi 200 años.

La reconstrucción comenzó por aquellas obras aztecas que todavía podían servir a la nueva ciudad. La primera fue la reconstrucción del acueducto de Chapultepec, para que la ciudad volviera a recibir agua potable. Al mismo tiempo se repararon las calzadas que unían la isla con tierra firme, lo que permitió la entrada y salida de diversos productos para la vida diaria.

CASA DE CORTÉS EN COYOACÁN

LA NUEVA CIUDAD

"De cuatro o cinco meses para acá, que la dicha ciudad de Temixtitan [vocablo deformado de Tenochtitlan] se va reparando, está muy hermosa; y crea Vuestra Majestad que cada día se irá ennobleciendo en tal manera, que como antes fue principal y señora de todas estas provincias, que lo será también de aquí adelante; y se hace y hará de tal manera, que los españoles estén muy fuertes y seguros, y muy señores de los naturales. Esta ciudad [de México] en tiempo de los indios había sido señora de las otras provincias a ella comarcanas, que también era razón que lo fuese en tiempo de los cristianos y que así mismo decía que pues Dios Nuestro Señor en esta ciudad había sido ofendido con sacrificios y otras idolatrías, que aquí fuese servido con que su santo nombre fuere honrado y ensalzado más que en otra parte de la tierra".

Hernán Cortés,
Cartas de relación.

HERNÁN CORTÉS

Con el paso de los meses, las grandes construcciones aztecas, entre ellas el templo mayor, fueron destruidas. Las piedras de los templos y palacios fueron utilizadas para construir la nueva ciudad: casas, hospitales, conventos y colegios. Por esos años, la extensión de la nueva ciudad era pequeña y se reducía a lo que hoy conocemos como el Centro histórico. Hacia el norte llegaba a la actual calle de Colombia; por el lado sur hasta el convento de San Jerónimo; al este por la calle La Santísima y al oeste hasta el actual Eje Central, llamado por entonces San Juan de Letrán.

La ciudad no tenía murallas, como se acostumbraba en otros lugares del mundo; españoles e indios convivían todos los días en distintas actividades, pero en ella sólo podían habitar los españoles. Cuando terminaban las jornadas de trabajo, los indios regresaban a sus casas localizadas en los barrios de las afueras de la ciudad.

Inmediatamente después de la conquista y con autorización del rey, el territorio conquistado recibió el nombre de la Nueva España.

BANDERA DE LA NUEVA ESPAÑA

En los últimos meses de 1523, Cortés dejó Coyoacán y se trasladó a la nueva ciudad de México. Poco a poco, la capital de la Nueva España comenzó a tomar vida propia. Cortés repartió tierras a sus hombres, quienes de inmediato construyeron sus casas; en 1524, el propio Cortés fundó el hospital de Jesús —que continúa prestando servicios en la actualidad—. Al año siguiente se establecieron los primeros mesones donde se vendía pan, carne y vino para aquellos españoles que buscaban alojamiento. En 1526, se permitió la creación de una escuela de danza y en 1527 comenzó a funcionar una curtiduría para trabajar las pieles. Así se iban estableciendo nuevos negocios, templos y casas.

Muchos españoles decidieron construir sus casas sobre la calzada de Tacuba; todas parecían fortalezas, con muros altos y paredes muy gruesas. La decisión de construir de esa forma obedecía a que los españoles tenían miedo de que los indios pudieran rebelarse y acabaran con sus vidas —lo cual nunca sucedió—. En caso de una emergencia, los españoles podían defenderse desde las azoteas. Además, Tacuba era la calzada que más rápidamente conducía a tierra firme: ningún español olvidaba que muchos soldados habían salvado la vida en la batalla de la Noche triste, porque huyeron a través de esa calzada.

Una de las primeras construcciones de la ciudad de México fue conocida como la Fortaleza de las Atarazanas; estaba ubicada en el lado oriente de la isla, cerca de San Lázaro, y tenía un embarcadero donde fueron anclados los bergantines que combatieron durante el sitio de Tenochtitlan. En la fortaleza había víveres, pólvora y armas. Si los indios se rebelaban los españoles podían refugiarse en la fortaleza, tomar los barcos y huir de la ciudad.

Con el paso de los días, la nueva ciudad de México fue mostrando otra belleza. El movimiento cotidiano se realizaba en la plaza mayor. Todos los asuntos políticos, económicos y religiosos se atendían en ese lugar. En esos primeros años inmediatos a la caída de Tenochtitlan, todavía era posible ver correr algunas calles de agua, por donde llegaban las canoas con productos de otras regiones del valle de México.

LA CONSTRUCCIÓN DE LA CAPITAL NOVOHISPANA

"Porque era tanta la gente que andaba en las obras [de construcción de la capital de la Nueva España], o venían con materiales y a traer tributos y mantenimientos a los españoles. Y en las obras, a unos tomaban las vigas, y otros caían de alto, sobre otros caían los edificios que deshacían en una parte para hacer en otras. La costumbre de las obras es que los indios las hacen a su costa, buscando materiales y pagando los pedreros o canteros y los carpinteros y si no traen qué comer, ayunan. Y es su costumbre que acarreando los materiales como van muchos, van cantando y dando; y estas voces apenas cesaban de noche ni de día por el grande furor con que edifican la ciudad los primeros años".

Fray Toribio Benavente Motolinía, *Memoriales*.

Día con día se escuchaban los gritos de los pregoneros ofreciendo en venta alimentos, flores y todo tipo de mercancías. Era común ver a los jinetes cabalgando, o a los carruajes detenerse en las calles cercanas a la plaza; en medio de ésta había una fuente por la cual no dejaba de correr el agua y cientos de personas se reunían allí para atender sus asuntos.

Hacia 1527 inició la construcción de la primera catedral —que luego sería demolida para dejar su lugar a la que actualmente conocemos—; su entrada principal no daba a la plaza mayor sino miraba hacia el poniente. El edificio que había sido palacio de Moctezuma y el de su padre, Axayácatl, quedó en manos de Hernán Cortés; en este último se establecieron los primeros gobiernos. En el costado sur de la plaza mayor se construyó un edificio donde ejercían sus funciones el cabildo de la ciudad de México y ahí mismo, estaban la cárcel y la carnicería.

Además de las expediciones realizadas en los mares, la exploración del territorio novohispano también despertó el interés de muchos conquistadores. En 1540 corrió el rumor de que hacia el norte del continente existían dos ciudades completamente de oro llamadas Cíbola y Quivira. Varias expediciones partieron en su búsqueda y aunque nunca se encontraron, el interés permitió la colonización del norte y el desarrollo de importantes zonas mineras.

1524 1535 Gobernar la Nueva España

POR LOS MÉRITOS ALCANZADOS EN LA GUERRA DE CONQUISTA,
EL REY CARLOS I DE ESPAÑA Y V DE ALEMANIA LE OTORGÓ A HERNÁN
CORTÉS EL PODER POLÍTICO, MILITAR Y JUDICIAL DEL NUEVO REINO,
NOMBRÁNDOLO GOBERNADOR, CAPITÁN GENERAL Y JUSTICIA MAYOR.
DE INMEDIATO, CORTÉS PUSO MANOS A LA OBRA COMO GOBERNANTE. IMPULSÓ
EL DESARROLLO ECONÓMICO DE TODO EL TERRITORIO, MANDÓ TRAER ANIMALES
DE CARGA —QUE NO SE CONOCÍAN— Y ORDENÓ LA CRÍA DE PUERCOS PARA
LA ALIMENTACIÓN. TAMBIÉN TRAJO CEREALES, CAÑA DE AZÚCAR Y MUCHOS
OTROS CULTIVOS DESCONOCIDOS EN MÉXICO.

CARLOS I

HERNÁN CORTÉS

La conquista no sólo se había realizado para obtener riquezas y nuevos
territorios a favor de España, también tenía un sentido religioso. Los reyes
de España se sentían obligados a llevar el cristianismo a sus nuevas colonias,
a eliminar la adoración de varios dioses —como lo hacían todas las
culturas americanas— para establecer como religión única el catolicismo
y como única verdad, la fe de Cristo.

Para cumplir con esta misión, una de las primeras medidas que tomó Cortés, fue escribirle al rey Carlos V para que enviara religiosos a la Nueva España. Así, en 1524, tan sólo tres años después de la conquista, llegaron doce franciscanos, encabezados por fray Martín de Valencia, que se unieron a los tres que ya estaban en territorio novohispano. Con ellos empezó la evangelización por todo el territorio; luego se sumarían dominicos, carmelitas, agustinos, jesuitas y otras órdenes religiosas.

También era importante continuar explorando el territorio de la Nueva España, así que Cortés organizó una expedición para llegar al océano Pacífico por tierra, cruzando el territorio desde la ciudad de México. En sus costas estableció varios astilleros, donde se construyeron nuevas embarcaciones que partirían con destino al continente asiático o bien, continuarían explorando las costas del Pacífico. El propio Cortés llegó al golfo de California y sus aguas serían conocidas, tiempo después, como el mar de Cortés.

En 1524, el conquistador recibió la noticia de que uno de sus hombres, Cristóbal de Olid, se había rebelado en contra de su autoridad en la región de las Hibueras (actualmente Honduras), por lo cual el propio Cortés organizó y encabezó una expedición para aprehender al rebelde. Decidió llevar consigo a Cuauhtémoc por si los indios intentaban rebelarse, pero en el camino sospechó de él y tomó una cruel decisión: ordenó que el último emperador de los aztecas fuera ahorcado.

La expedición duró dos años y aunque Cristóbal de Olid fue ajusticiado, el viaje de Cortés resultó un desastre.

Durante su ausencia, quedaron a cargo del gobierno varios hombres que cometieron muchos excesos en contra de la población. Cuando Cortés regresó a la ciudad de México en 1526, fue informado de que el rey de España le había quitado el poder, concediéndole tan sólo el título nobiliario de Marqués del valle de Oaxaca y otorgándole cerca de 20 mil vasallos a su servicio. El conquistador se estableció entonces en Cuernavaca y regresó a España para defenderse ante la corte, pero no tuvo éxito.

Falleció en 1547, en Castilla de la Cuesta.

Los restos de Cortés no pudieron descansar en paz sino hasta 1947, es decir, 400 años después de su muerte. Fallecido en España, fue sepultado en Sevilla en 1547, luego fue traído a la Nueva España y, por distintas circunstancias, casi todas políticas, fue exhumado en varias ocasiones para proteger los restos. El total de exhumaciones a partir de su muerte fueron 8, y de inhumaciones, 9. Actualmente, sus restos se encuentran en el templo del hospital de Jesús, en el centro de la ciudad de México.

1535 El virreinato

DE 1526 A 1530, LA NUEVA ESPAÑA VIVIÓ UN PERIODO DE MALOS GOBIERNOS. EL REY CARLOS V PENSÓ QUE SI EN VEZ DE UN HOMBRE GOBERNABAN VARIOS, A TRAVÉS DE UNA AUDIENCIA, LOS NUEVOS TERRITORIOS SERÍAN MEJOR ADMINISTRADOS. SIN EMBARGO, SE EQUIVOCÓ. LA PRIMERA AUDIENCIA ESTUVO A CARGO DEL CONQUISTADOR NUÑO BELTRÁN DE GUZMÁN, PERO ERA UN HOMBRE SANGUINARIO Y CRUEL QUE PERMITIÓ MUCHOS EXCESOS EN CONTRA DE LA POBLACIÓN INDÍGENA. SU MAL GOBIERNO LLEGÓ HASTA OÍDOS DEL REY, POR LO QUE FUE DESTITUIDO. LA SEGUNDA AUDIENCIA FUE ENCABEZADA POR EL OBISPO SEBASTIÁN RAMÍREZ DE FUENLEAL QUE, GRACIAS A LA COLABORACIÓN DE HOMBRES COMO VASCO DE QUIROGA, IMPORTANTE DEFENSOR DE LOS INDIOS, LOGRÓ SOLUCIONAR LOS PROBLEMAS DE CORRUPCIÓN Y LOS ABUSOS DE LA PRIMERA AUDIENCIA.

Pero tampoco las Audiencias convencieron por completo al rey de que fueran la mejor opción para gobernar sus nuevas posesiones. Después de mucho meditar pensó que para establecer un buen gobierno en América era necesario hacer sentir a la gente su presencia y su poder, pero como no podía dejar vacío el trono de España, decidió dividir sus dominios en virreinatos, a la cabeza de los cuales estaría un virrey, nombrado por él y quien sería su representante directo.

El primer virrey de la Nueva España fue don Antonio de Mendoza. Era un hombre culto, moderado, honesto e inteligente. Llegó a México en 1535 con órdenes precisas de cómo gobernar: debía velar por el culto católico, atender a la evangelización de los indios, repartir la tierra entre los conquistadores y cuidar que el trato que recibieran los indios fuera digno.

ANTONIO DE MENDOZA

La Nueva España se convirtió en virreinato hasta 1535, cuando ocupó el poder el primer virrey, don Antonio de Mendoza. El virreinato fue la organización territorial, política y administrativa que se eligió para garantizar el dominio y la autoridad de la monarquía española sobre sus colonias en América.

Durante su gobierno se estableció la primera imprenta del continente americano; influyó para que se fundara la Universidad de México; recibió autorización para crear la Casa de moneda e impulsó la creación del Colegio de la Santa Cruz de Tlatelolco, para indios caciques.

El virrey Mendoza también autorizó nuevas expediciones al océano Pacífico y encabezó una a Nueva Galicia —actualmente Jalisco—; fundó asimismo la villa de Guayangareo, que con el tiempo se transformaría en Valladolid y luego en Morelia. Quince años duró su gestión, que sería recordada a todo lo largo del siglo xvi.

Conforme pasaban los años, el virreinato de la Nueva España crecía; nuevas construcciones eran edificadas y, al interior de México, otras ciudades, como Oaxaca, Puebla, Veracruz o Mérida se fundaron; los grandes conventos y hospitales iniciaban su construcción y más españoles llegaban a las costas novohispanas para establecerse en América.

PRIMERA IMPRENTA DE LA NUEVA ESPAÑA

El segundo virrey, don Luis de Velasco, llegó a gobernar en 1550. Fue otro hombre honrado y trabajador que continuó la obra de don Antonio de Mendoza. Prestó especial atención al trato y cuidado que se le daba a los indios, pues muchos españoles abusaban de ellos poniéndolos a trabajar en exceso y en pésimas condiciones. Mientras tanto, las órdenes religiosas comenzaban a recorrer el extenso territorio para evangelizar a los indios que aún no se habían sometido a los españoles.

PALACIO VIRREINAL

A don Luis de Velasco le correspondió inaugurar muchas obras que comenzaron con el anterior virrey. Así, en 1553, inauguró la Real y Pontificia Universidad de México, que se convirtió en un semillero de cultura y conocimiento para los jóvenes novohispanos.

En 1562, decidió comprarle a Martín Cortés, hijo del conquistador, la propiedad donde había estado el palacio de Moctezuma. A partir de entonces, los virreyes habitaron el edificio que fue conocido como palacio virreinal y que actualmente se conoce como Palacio Nacional.

Junto a la fundación y desarrollo de nuevas ciudades y pueblos, surgieron también algunos problemas. Uno de ellos fue el de la inseguridad. En los trayectos entre ciudades como Veracruz, Puebla y México de pronto surgían asaltantes. La gente tenía miedo de viajar por temor a ser robada. Para combatir la delincuencia, el virrey autorizó la creación de un tribunal que recorría los caminos en busca de criminales; al capturarlos, eran sometidos a juicio en el mismo lugar y también ahí eran ahorcados. Este tribunal era conocido como la Santa Hermandad y por mucho tiempo mantuvo cierto orden en la Nueva España.

En estos años, ya se desarrollaban también otras actividades económicas como la minería, lo que le permitió a la Nueva España convertirse en un gran productor de plata. Continuaron también las expediciones hacia regiones que todavía no se conocían, como la península de la Florida.

Entre 1535 y 1821 la Nueva España fue gobernada por 62 virreyes. Los primeros 32 fueron nombrados por reyes de la casa de Austria o Habsburgo. Los 30 restantes fueron elegidos por reyes de la casa de los Borbones. El último fue don Juan de Odonojú.

1559 1565 Y la Nueva España unió al mundo

AL INICIAR LA SEGUNDA MITAD DEL SIGLO XVI, LA RUTA HACIA EL CONTINENTE ASIÁTICO DESDE AMÉRICA ERA YA CONOCIDA. LAS NAVES PARTÍAN DE LAS COSTAS DEL PACÍFICO —ZACATULA, BARRA DE NAVIDAD Y ACAPULCO— Y LUEGO DE UNA TRAVESÍA DE VARIOS MESES LLEGABAN A SU DESTINO.

El descubrimiento de la ruta de ida y vuelta al continente asiático fue muy importante para el desarrollo del comercio. México se convirtió en el punto de unión entre Asia y Europa, y a través de sus puertos iban y venían mercancías de todo tipo, principalmente especias.

Sin embargo, el viaje de regreso parecía imposible. Los barcos que partían de Asia con destino al continente americano generalmente naufragaban debido a las corrientes y a los vientos en contra que enfrentaban en el océano Pacífico. Desde que fue consumada la conquista de México, varias expediciones intentaron encontrar una ruta de regreso pero la mayoría de los navegantes no vivió para contarlo.

En 1559, el rey de España, Felipe II, ordenó al virrey don Luis de Velasco que utilizara los recursos necesarios para enviar una nueva expedición cuya misión más importante era encontrar una ruta para regresar a la Nueva España de manera segura. Para tan difícil empresa, el virrey dispuso de dos hombres que conocían bien las artes de la navegación: Miguel López de Legazpi y fray Andrés de Urdaneta.

El 21 de noviembre de 1564, Legazpi y Urdaneta zarparon del puerto de Navidad (en el actual estado de Jalisco). La flota estaba compuesta de 150 marineros, 200 soldados y cuatro religiosos agustinos. El 13 de febrero de 1565, llegaron a las islas Filipinas —llamadas así en honor del rey de España. Legazpi decidió permanecer en Asia y entregó el mando del galeón San Pedro a Urdaneta, con la orden de que buscara la ruta de regreso a Nueva España.

El 1 de junio de 1565, el noble fraile zarpó de Cebú. Navegó desde las Filipinas hacia el norte y cerca de la región meridional de Japón descubrió una corriente cálida, estrecha y rápida, llamada *Kuro-shivo* o corriente negra —por la oscuridad de sus aguas— que facilitaba la navegación y, que según cuentan las crónicas, parecía un "río caudaloso".

La corriente negra fue la llave que abrió la ruta de regreso a México. Urdaneta logró llegar a la bahía de Acapulco el 3 de octubre, cuatro meses después de haber zarpado de Asia. El exitoso viaje de vuelta había cobrado varias víctimas: dieciséis hombres murieron en el trayecto; otros llegaron agonizantes y sólo una docena logró desembarcar a salvo.

Este descubrimiento cambió nuevamente la historia del mundo y significó un importante encuentro comercial entre Asia, América y Europa, teniendo como punto de partida la Nueva España. Además, la colonización de las Filipinas se llevó a cabo desde México y con colonizadores novohispanos. Desde 1565 Asia y México quedaron unidos por una ruta marítima; seis años después, en 1571, comenzó a navegar la famosa Nao de China o Galeón de Manila que navegaba del continente americano al continente asiático y de regreso, con mercancías, productos y arte, lo cual hizo durante 250 años ininterrumpidos.

Fray Andrés de Urdaneta era un viejo lobo de mar, experto cosmógrafo y navegante que había participado en varias expediciones como soldado, como capitán y con cargos de la Real Hacienda. En 1553 tomó los hábitos en el convento de San Agustín en la ciudad de México. Sin embargo, fue sacado de su retiro espiritual por instrucciones del rey Felipe II para unirse a la expedición de Legazpi.

1565 1600 Los últimos años del siglo XVI

HACIA LAS ÚLTIMAS DÉCADAS DEL SIGLO XVI, LA CIUDAD DE MÉXICO YA MOSTRABA RASGOS DE UNA BELLEZA QUE SERÍA LEGENDARIA DURANTE EL VIRREINATO. CON SUS CARACTERÍSTICAS PROPIAS, CON OTRO TIPO DE ARQUITECTURA AJENA A LA PREHISPÁNICA, LLEGARÍA A TENER LA GRANDEZA ALCANZADA POR TENOCHTITLAN UN SIGLO ANTES.

La plaza mayor sufrió algunas transformaciones importantes. El rey de España ordenó la construcción de una catedral digna, según él, de la grandeza de la ciudad de México, pues la edificada en la década de 1520 era muy modesta. La primera piedra de la nueva catedral —que tardaría varios siglos en concluirse y es la que actualmente se encuentra en el zócalo de la ciudad de México—, fue colocada en 1573.

Las calles que desembocaban a la plaza mayor comenzaron a tener vida propia. Una de las principales era San Francisco y Plateros, que partía desde San Juan de Letrán y concluía en la plaza mayor. El primer tramo de la calle debía su nombre a uno de los conventos más impresionantes de toda la América hispana: San Francisco el Grande. El tramo de Plateros albergaba a los joyeros más importantes de la Nueva España cuyas piezas en oro y plata —de ahí el nombre de la calle— eran verdaderas obras de arte.

Otra de las calles importantes era la que conocemos en la actualidad como 16 de septiembre. Fue una de las pocas calles de agua que continuó abierta hasta el siglo XVIII. Para transitar por ella era necesario hacerlo en canoa. En su trazo corría una de las siete grandes acequias de la ciudad, llamada del Palacio, por lo que a la calle se le conocía también como de la "acequia real". A lo largo de ella había diversos negocios y en sus distintos tramos iba cambiando de nombre; así, se le conocía como Tlapaleros, del Refugio, del Coliseo Viejo —uno de los primeros teatros—, Colegio de Niñas y callejón de Dolores.

Quizá la calle más célebre era la de Tacuba. Por ser el sitio donde se levantaron las primeras construcciones españolas, había toda clase de negocios comerciales: carpinteros, herreros, cerrajeros, zapateros, tejedores, barberos, panaderos, pintores, cinceladores, sastres, borceguineros, armeros, veleros, ballesteros, espaderos, bizcocheros, pulperos y torneros, entre otros, ofrecían sus servicios.

En la plaza mayor se encontraban, además, el portal de mercaderes —frente al palacio de los virreyes— y el portal de las flores en el costado sur de la plaza; en ambos también se daba rienda suelta al comercio. La gente realizaba sus actividades cotidianas al ritmo que marcaban las campanadas de los templos y la presencia, tanto del virrey como del arzobispo, en las grandes procesiones o festividades religiosas era obligada. Junto al Palacio real se edificó la Casa de los arzobispos y se construyó la sede de la Casa de moneda.

Uno de los sitios del valle de México que no perdió su importancia después de la conquista fue Chapultepec.

Los aztecas habían encontrado en Chapultepec, "el cerro del chapulín", un vínculo permanente con la naturaleza y el sitio adecuado para el descanso imperial. En las faldas del cerro construyeron un palacio y en la cima un adoratorio que le otorgó al bosque un sentido de lugar sagrado.

Ya en las primeras décadas del siglo xv, Netzahualcóyotl había vivido en un palacio que allí edificó, sembrando con sus propias manos los ahuehuetes. Dejó así su testimonio antes de marchar a gobernar Texcoco.

Para su recreo, los emperadores aztecas disfrutaron del "agua más clara que el cristal" proveniente de las profundidades del bosque. Las albercas naturales en su interior, la paz de la naturaleza y la tranquilidad del lugar hicieron de Chapultepec uno de los lugares más frecuentados por los tlatoanis aztecas. Su fascinación y respeto por el lugar quedó plasmado en las rocas del cerro donde fueron esculpidas las efigies de los emperadores Tlacaélel, Moctezuma Ilhuicamina, Ahuízotl y Axayácatl.

Así, después de consumada la conquista, los españoles que poblaron la ciudad de México solían ir los fines de semana a pasear por el bosque. En 1528 el Ayuntamiento autorizó a Juan Díaz del Real a "vender allí pan, vino y otros mantenimientos a los que fueran a holgar". El virrey don Luis de Velasco dedicó el bosque al emperador Carlos V, ordenó cercarlo para evitar que los cazadores acabaran con las especies animales y soltó en sus alrededores una raza de perros lebreles —en México sólo se conocía el xoloescuincle— que pronto se propagó. Los virreyes reconocieron las bondades del lugar y en lo alto del cerro, sobre los restos del adoratorio prehispánico, autorizaron la construcción de una ermita dedicada a San Francisco Javier y planearon la construcción de una residencia de recreo.

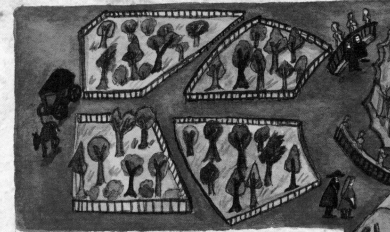

Otro de los paseos que pronto se hizo famoso fue el de la Alameda Central. Era el primer jardín de la Nueva España y ya desde el siglo XVI era punto de reunión de la sociedad novohispana. Al finalizar el siglo, los jesuitas ya se habían hecho notar con la construcción del Colegio de San Ildefonso, La Profesa y el Colegio Máximo de San Pedro y San Pablo, otro de los colegios de excelencia de la compañía de Jesús. En el cerro del Tepeyac, ya era visible uno de los primeros santuarios dedicados a la virgen de Guadalupe, así como el dedicado a la virgen de los Remedios en las afueras de la ciudad. Otras grandes ciudades fueron también fundadas, como Saltillo, en 1577.

Así, la Nueva España se consolidaba como un gran reino —fue la mayor de las posesiones españolas en América—: tenía aproximadamente 4 millones 400 mil kilómetros cuadrados y una cantidad impresionante de recursos naturales. En el golfo de México se desarrollaron importantes puertos como Veracruz y Campeche. De sus costas partían las embarcaciones con plata, oro y otras mercancías hacia Cuba —también parte de las posesiones españolas en América— y hacia España.

ALAMEDA

Por su parte, los productos procedentes del viejo continente también eran desembarcados en Veracruz y de ahí los trasladaban a la capital novohispana y a otras ciudades. Las mercancías que llegaban de Asia desembarcaban en Acapulco, donde se realizaba una gran feria comercial; los productos eran trasladados a la ciudad de México y otros a Veracruz, para ser reembarcados con destino final a España.

Aunque los primeros virreyes habían establecido una serie de instituciones sólidas para desempeñar una buena administración, todavía se presentaron algunos intentos de rebelión en la Nueva España. Hacia 1566 fue descubierta una conspiración en la que estaban involucradas personas de buena posición económica, incluyendo a los hijos de Hernán Cortés. Según se dijo, la conspiración tenía como fin independizar a la Nueva España y nombrar soberanos a los descendientes del conquistador. Sin embargo, el plan no tuvo éxito; la mayoría de los conspiradores fueron encontrados culpables y condenados a muerte.

LUIS DE VELASCO II

En los años siguientes, la situación política fue difícil. Las autoridades veían conspiraciones en todos lados, por lo que hubo mucha represión y derramamiento de sangre. El rey de España, Felipe II, volvió a tomar cartas en el asunto y destituyó a varios miembros del gobierno, argumentando que los había mandado a gobernar, no a destruir.

La Inquisición fue establecida en la Nueva España en 1571. Tenía como misión perseguir todos los delitos contra la fe católica; fue hasta 1573 que la corona española decidió que los indios no fueran juzgados por estos delitos debido a que apenas se les estaba enseñando esa religión. En los siguientes años, se hicieron famosos los "autos de fe", donde los sentenciados eran expuestos a la burla de la sociedad por ser protestantes o judíos. Los delitos más graves eran castigados con la muerte y las condenas se ejecutaban en la Alameda.

INQUISICIÓN

El primer "auto de fe" (la penitencia pública que se aplicaba a los considerados "herejes") fue realizado en la Nueva España por la Inquisición en 1574, frente a las llamadas Casas de Cortés (hoy Monte de Piedad). Gran parte de la población de la ciudad de México se reunió para presenciar el castigo impuesto a 89 personas acusadas de delitos contra la fe, de las cuales 5 fueron quemados por pertenecer a la "secta de Martín Lutero".

Otro de los principales problemas que tuvo que enfrentar la Nueva España desde los últimos años del siglo XVI, fue la piratería en las costas del golfo de México. En cuanto se conoció la noticia de que los galeones españoles iban cargados con plata y oro rumbo a España, piratas y corsarios ingleses intentaban interceptar las embarcaciones para arrebatarles las riquezas. En varias ocasiones, los barcos piratas quisieron saquear el puerto de Veracruz pero fueron rechazados. Fue necesaria la construcción de fortificaciones para hacerles frente.

Al finalizar el siglo, una nueva epidemia causó miles de víctimas entre la población indígena, que disminuyó drásticamente. Las autoridades tomaron medidas para ayudarlos, atenderlos e intentar obligar a los españoles a que les pagaran un salario justo por su trabajo.

De 1584 a 1585, el virrey don Pedro Moya de Contreras hizo una limpia al interior del gobierno novohispano, porque la corrupción era escandalosa. De ese modo, encarceló a jueces y autoridades corruptas, mandó colgar a los más abusivos, destituyó a los veniales y llenó de pánico a todos aquellos que vivían impunemente, burlándose de la ley y de la justicia.

PEDRO MOYA

El virrey no sólo tenía el poder político, sino también el religioso. Fue de los pocos gobernantes que además de ser virrey fue al mismo tiempo arzobispo de México y aprovechó esta condición para organizar formalmente todos los asuntos de la Iglesia católica en territorio novohispano, convocando al Tercer Concilio Mexicano; allí se reunieron los obispos y los superiores de las órdenes religiosas para establecer definitivamente las normas que regirían a los eclesiásticos en la Nueva España, así como las formas de practicar el culto católico por parte de los fieles.

Al finalizar el siglo, la Nueva España continuaba su proceso de consolidación. Las expediciones, aunque cada vez menores, continuaron hacia América del norte; los exploradores pudieron recorrer la península de Baja California y fundar La Paz.

Las expediciones en el norte del país dieron como resultado la fundación, en 1596, de Monterrey, capital del Nuevo Reino de León. Aún en esa época se usó la fuerza para someter a las tribus nómadas indígenas que solían luchar contra las poblaciones norteñas.

Terminaba el siglo de la conquista y la Nueva España se levantaba como un reino donde habían logrado fundirse dos culturas, dos visiones del mundo. Nuevos problemas y circunstancias tendrían que afrontar los novohispanos en el siglo que estaba próximo a comenzar, pero indudablemente, la grandeza cantada por los aztecas cien años antes, había sido heredada por la ciudad de México, capital del reino de la Nueva España.

Muchos de los datos de toda esta época se conocen a través de los códices. Los códices son antiguos manuscritos realizados en piel de venado o papel amate, donde las civilizaciones prehispánicas, a través de un sistema de escritura con pictogramas, plasmaron su concepción del mundo, sus creencias religiosas, sus actividades comerciales e incluso cotidianas. La mayoría de ellos fueron destruidos por los españoles durante la conquista, pues los consideraban "obras del demonio". Sin embargo, algunos de los frailes, cronistas e historiadores de esa época —como Olmos, Motolinía, Mendieta, Sahagún, Durán, Valdés, Torquemada y otros— lograron no sólo rescatar algunos sino que encargaron a los sabios indígenas —los tlacuilos— que escribieran las nuevas crónicas, los que serían llamados los códices coloniales y que incorporan elementos de la convención europea. Los pocos que sobrevivieron, menos de 20, fueron enviados como regalos al rey de España. Actualmente, aunque se conservan únicamente dos en México, los códices están considerados valiosos elementos del patrimonio nacional y están protegidos legalmente.

Los códices prehispánicos se han clasificado en cuatro grupos, uno de ellos el de los Códices Aztecas, dentro del cual se encuentran los *Códices Nahuas*, el *Códice Borbónico*, el *Códice Boturini*, la *Tira de la Peregrinación*, el *Códice Mendocino* y la *Matrícula de Tributos*.

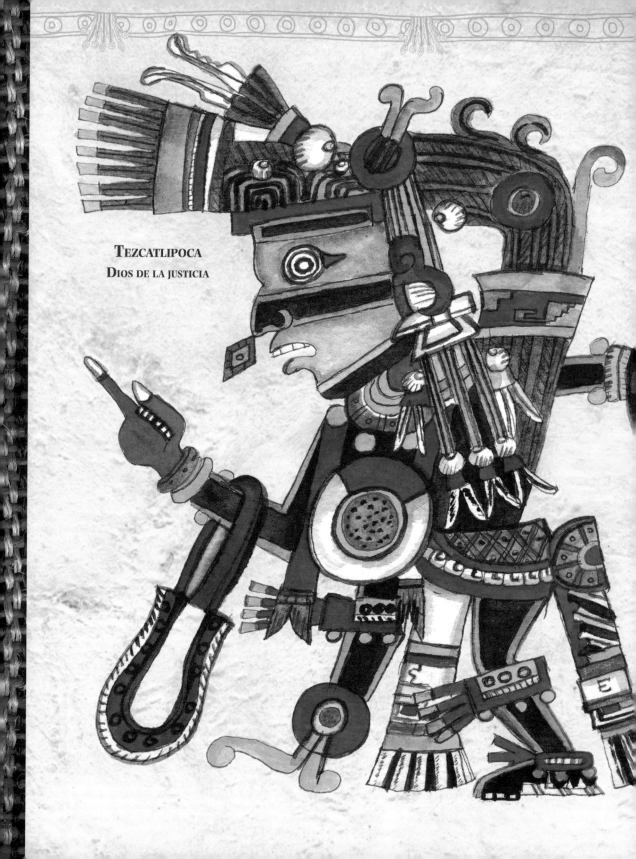

TEZCATLIPOCA
DIOS DE LA JUSTICIA

LA MALINCHE   HERNÁN CORTÉS

Cronología

1325 Fundación de México-Tenochtitlan.

1338 Fundación de Tlatelolco.

1351 Los aztecas realizan por primera vez la ceremonia del fuego nuevo en el valle de México.

1426 Azcapotzalco es la ciudad más poderosa del valle de México.

1427 Los aztecas inician la guerra contra Azcapotzalco.

1431 Con la derrota de Azcapotzalco los señores de Tenochtitlan, Texcoco y Tlacopan fundan la triple alianza, lo cual garantiza la paz en el valle de México.

1452 Ocurre una hambruna en el valle de México.

1466 Comienza a funcionar el acueducto que lleva agua a Tenochtitlan desde Chapultepec.

1473 Tlatelolco es sometido al poderío azteca.

1483 Se inicia la más importante reconstrucción del Templo mayor.

1486 Comienza la gran expansión territorial de los aztecas.

1487 Es inaugurado el Templo mayor de Tenochtitlan.

1501 Inicia la guerra contra los tlaxcaltecas.

1511 Luego de un naufragio, llegan los primeros españoles a las costas de Yucatán. Sólo sobreviven Gonzalo Guerrero y Jerónimo de Aguilar. Éste último se convertirá en traductor de Hernán Cortés a su llegada en 1519.

1519 Abril 29. Hernán Cortés desembarca en Veracruz.

Nov. 9. Primer encuentro entre Hernán Cortés y el emperador Moctezuma II, en la calzada de Ixtapalapa (hoy Pino Suárez).

1520 Mayo 21. Matanza del templo mayor ordenada por Pedro de Alvarado.

Junio 30. Derrota de la Noche Triste, donde Cortés y sus hombres son vencidos.

1521 Mayo 31. Comienza el sitio de Tenochtitlan.

Agosto 13. Se consuma la conquista de México.

Cortés se establece en Coyoacán mientras se inician los trabajos de limpieza de Tenochtitlan.

Alonso García Bravo comienza la primera traza de la nueva ciudad de México.

1522 Octubre 15. Por instrucciones del rey, Cortés se convierte en el gobernador de la Nueva España.

1524 Desembarcan en Veracruz doce franciscanos encabezados por fray Martín de Valencia.

Cortés inicia la expedición a las Hibueras (Honduras).

1525 Sobre las ruinas del templo de Huitzilopochtli, se levanta el primer templo de la orden franciscana.

1527 Se erige el obispado de México y se designa a fray Juan de Zumárraga, primer obispo.

1530 Gobierno de la Primera Audiencia.

1532 Una terrible epidemia de sarampión provoca miles de muertes entre la población india.

1535 Llega el primer virrey de la Nueva España, don Antonio de Mendoza.

1542 Se expiden las Leyes Nuevas que prohíben la esclavitud del indio y eliminan la encomienda.

Diciembre 2. Muere Hernán Cortés.

1550 Polémica entre Ginés de Sepúlveda y fray Bartolomé de las Casas sobre la naturaleza de los indios.

1551 Se crea la Universidad de México.

1565 Fray Andrés de Urdaneta descubre la ruta de regreso de Asia a América, a través del océano Pacífico, conocida como el "tornaviaje".

1566 Proceso en contra del hijo de Hernán Cortés por conspiración.

Muere fray Bartolomé de las Casas, defensor de los indios.

1567 Recopilación de las Leyes de Indias.

1568 Bernal Díaz del Castillo termina de escribir, *Historia verdadera de la conquista de la Nueva España.*

1571 Se establece en México la Inquisición.

1572 Llegan los primeros jesuitas a México.

1583 Los jesuitas fundan el Colegio de San Ildefonso.

1587 Se termina la construcción del convento de San Agustín, de la ciudad de México.

1590 Los españoles logran la paz con los chichimecas, a quienes no habían podido conquistar.

1593 Se inicia la política de congregar a los indios en pueblos para facilitar la evangelización y el cobro de tributos.

1596 Sebastián Vizcaíno explora la costa norte del Pacífico y California.

Bibliografía

 Alvarado Tezozomoc, Fernando, *Crónica Mexicayótl*,
México, IIH-UNAM, 1992.

Cortés, Hernán, *Cartas de relación*,
México, Porrúa, 1973.

 Díaz del Castillo, Bernal, *Historia verdadera de la
conquista de la Nueva España*, México, Instituto Estatal
de Documentación de Morelos, 2000.

Galindo y Villa, Jesús, *Historia sumaria de la ciudad de
México*, México, Editora Nacional, 1973.

 González Obregón, Luis, *Las calles de México.
Leyendas y sucedidos, vida y costumbres de otros
tiempos*, México, Porrúa, 1995.

Gortari Rabiela, Hira de y Hernández Franyuti,
Regina, *Memoria y encuentros: La ciudad de México y el
Distrito Federal (1824-1928)*, 4 tomos,
México, Instituto Mora, 1988.

 Humboldt, Alejandro de, *Ensayo sobre el reino
de la Nueva España*, México, Porrúa, 1991.

Lafragua, José María y Orozco y Berra, Manuel,
La ciudad de México, México, Porrúa, 1987.

 León Portilla, Miguel, *Los antiguos mexicanos
a través de sus crónicas y cantares*, México,
FCE, 1977.

Martínez, José Luis, *Hernán Cortés*,
México, FCE-UNAM, 1990.

Motolinía, fray Toribio de Benavente, *Memoriales*, México, El Colegio de México, 1996.

 Riva Palacio, Vicente *et al.*, *México a través de los siglos*, 5 tomos, México, Editorial Cumbre, 1972.

 Rojas, José Luis de, *México-Tenochtitlan. Economía y sociedad en el siglo XVI*, México, FCE, 1988.

Solís, Antonio de, *Historia de la conquista de México*, México, Editorial Innovación, 1979.

 Soustelle, Jacques, *El universo de los aztecas*, México, FCE, 1992.

Thomas, Hugh, *La conquista de México*, México, Editorial Patria, 1994.

 Torquemada, fray Juan de, *Monarquía Indiana*, 3 tomos, México, Porrúa, 1986.

 Valero de García, Lascuráin, *La ciudad de México-Tenochtitlán, su primera traza, 1524-1534*, México, Jus, 1991.

 Valle Arizpe, Artemio de, *Calle vieja y calle nueva*, México, Diana, 1997.

 Valle Arizpe, Artemio de (comp.), *Historia de la ciudad de México según los relatos de sus cronistas*, México, Jus, 1977.

 Viera, Juan de, *Breve y compendiosa narración de la ciudad de México*, México, Instituto Mora, 1992, edición facsimilar de la de 1777.

DE TENOCHTITLAN A LA NUEVA ESPAÑA

se terminó de imprimir en el mes de
agosto de 2010 en Everbest Printing Co. Ltd.,
334 Huanshi Road South, Nansha,
Guangdong, 511458, China.
Para su formación se utilizó la fuente Photina MT.